かんたん おいしい 防災レシピ
びちくでごはん

岡本正子●監修　粕谷亮美●文　杉山薫里●絵

ぼくは原田あきら。
小学5年生だよ。
ぼくの家族を紹介するね。

ぼくのいもうとの
原田めぐみは、
小学3年生なんだ。

おかあさんの名前は
原田いずみ。

おとうさんは
原田しげるって
いうんだ。

そして、少し遠いところに住んでいるおばあちゃんの名前は、原田みどりだよ。
もの知りのおばあちゃんは、いつもぼくたちにいろいろなことを教えてくれるんだ。

子どもの未来社

もくじ

おばあちゃんがやってきた……………………………………… 3
防災(ぼうさい)の日って、どういう日？……………………………… 4
ぼくの家の防災(ぼうさい)用品………………………………………… 5
わすれずにそなえておくものは、なに？………………… 6
冷蔵庫(れいぞうこ)の中身もびちくのうち……………………………… 8
びちくのリストづくり……………………………………… 10
3日分のこんだて表をつくる…………………………… 11
びちくでごはん1日目………………………………………… 12
ラップやチラシが大かつやく…………………………… 14
2日目からはカセットコンロで料理(りょうり)………………… 17
ポリ袋(ぶくろ)を使って料理(りょうり)づくり……………………………… 18
おやつをつくる……………………………………………… 21
おろしがねを使って料理(りょうり)…………………………………… 22
びちくでごはん3日目………………………………………… 23
びちくでごはんに必要(ひつよう)なことは、なに？…………… 26
びちくでごはん4日目………………………………………… 29
びちくでごはん5日目………………………………………… 35
びちくでごはん最終日(さいしゅうび)…………………………………… 41

びちくチェックリスト6日分………………………………… 46

おばあちゃんがやってきた

夏休みのある日、はなれてくらしているおばあちゃんが、大きなリュックをせおってやってきた。
「すごいにもつ！」
みんなびっくりしていると、おばあちゃんは汗をぬぐいながら言ったんだ。

※そなえあればうれいなし
普段からそなえておけば、いざというときに心配ないという意味

防災の日って、どういう日？

「このにもつはね、防災の日とかんけいがあるんだよ」と、おばあちゃん。

「むかしから9月のはじめは、『二百十日』、『二百二十日』といって、台風が多くやってくる時期なんだよ。秋の収穫も近いから、台風から作物を守るために用心したんだね。

　それに、1923（大正12）年の9月1日には、関東大震災という大きな地震が起きてね。ちょうどお昼時だったから、多くの木造の家が火事でやけてしまったんだよ。それで、この日を防災の日ときめ、その日をふくむ1週間（8/30〜9/5）を防災週間として、全国各地で防災訓練が行われるようになったんだね」

ぼくの家の防災用品

「この家は、災害にそなえて、どんなものが用意してあるんだい？」
　おばあちゃんに聞かれて、ぼくたちは玄関のそばの戸だなから、防災リュックをだして、中身をひろげた。

　おばあちゃんはひととおり点検すると、
「ラジオや救急用品は一応そろっているね。でも、食品をみてごらん」

たいせつなものがないよ…。

わすれずにそなえておくものは、なに？

「なにがないか、わかるかな？　ヒントは、人間が生きていくために一番たいせつなもの」

「大当たり！！」
　おばあちゃんは、リュックの中からペットボトルを取りだした。

おばあちゃんは、カラのペットボトルに水をいれながら言った。
「うちでは、ペットボトルに水道の水をいれて、台所に置いているんだ。水道水は塩素で消毒されているから、夏場でも3日くらいは飲み水として使えるんだよ。ゆでたり、わかしたりする料理用に使ってもいいしね。びちくを、ふだんからこころがけていることも大事なんだ」

そういえば、キャンプのときに、「水筒には水道の水をいれておこう」って先生が言っていたなぁ。

> ペットボトルに水道水をいれるときは、口いっぱいまで水をいれて、ふたをしっかりとしめようね。そうすることで雑菌が入りにくくなるよ。
> それと、何日にいれた水なのかわかるようにラベルをつけておくといいね。3日過ぎた水は、手洗いやトイレ用の水としても利用できる。

びちくポイント！

1日1人当たり 3L（リットル）の水

うちは4人家族だから、1日3L×4人＝12L（6本）が必要ね。
3日分のびちくをするなら、2Lのペットボトルが1ダースで2日分、あとの6本は水道水をためればだいじょうぶだわ。

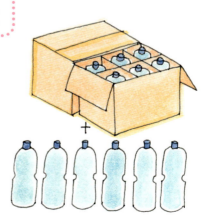

7

冷蔵庫の中身もびちくのうち

「食料もたくさんためておかなければならないのかしら……」
と、心配そうなおかあさん。
「いやいや、考えようによっちゃ、ここにもびちくがあるんだよ」
おばあちゃんは、冷蔵庫をあけた。
「大きな災害のときは、水道や電気、ガスが使えなくなってしまうよね。それを『ライフラインがとだえる』と言うんだ。まずはライフラインが3日間とだえたとして、それをのりきる『びちくのこんだて』を考えてみようかね」

「そこで、これだ！」
　おばあちゃんは、リュックからガムテープをとりだした。
「冷蔵庫の中は、食品自体が冷えているから、あまり扉を開け閉めしなければ1〜2日くらいはもつよ。うっかり開けてしまわないように、こんなふうにとめておくといいんだよ。
　いたみやすいものは、保冷剤といっしょにクーラーボックスにいれるといいね」

「これが役にたつのか！」
　おとうさんがクーラーボックスをだしてきた。

冷たい空気は上から下に流れるから、保冷剤はクーラーボックスの下に置くのではなくて、食品の上に置こうね。

びちくポイント！

冷たい空気をなるべく逃がさないで

びちくのリストづくり

「さて、ほかにどんな食料があるかを調べて、リストをつくるよ」
「やさいがあるわ」
　おかあさんが、ジャガイモやタマネギ、ニンジンを持ってきた。
「そのほかのものは、ここだよ」
　おとうさんが戸だなの下のとびらをあけると、缶づめや食品の乾物、めん類やレトルト食品なんかがでてきた。

> こんなに食料があったんだ！

> このほかにも、ビスケットやポテトチップスなどのおかしもあったよ。

● 食料びちくのリスト

冷蔵庫	個数	戸だな	個数	戸だな	個数
牛乳・豆乳・ヨーグルト	各2パック	パスタ	2袋	アサリ缶	1個
カボチャ	1/8個	マカロニ	1袋	トマト缶	2個
タマゴ	4個	高野どうふ	1袋	コーン缶	1個
ネギ	2本	シリアル	1袋	アスパラ缶	1個
レタス	1個	芽ひじき	1袋	ツナ缶	1個
とうふ	2丁	海そう	1袋	サバ缶	1個
食パン	1斤	無洗米	5キロ	トマト・やさいジュース	各5
小玉スイカ	1個	きな粉	1袋	乾パン	1缶
冷凍庫	個数	ドライ大豆	1袋	うめぼしがゆ	5袋
冷凍そうざい	2パック	ワカメ	1袋	やさい置き場	個数
冷凍ピザ	小4枚	ふ	1袋	ジャガイモ	7個
冷凍ひき肉	1パック	スープ（缶・即席）	各5個	タマネギ	5個
冷凍チャーハン	2袋	カレールー	1箱	ニンジン	3本

３日分のこんだて表をつくる

　リストをもとに、おばあちゃんは３日分のこんだて表を、ぼくたちのすきなものを聞きながらつくっていった。

		こんだて	材料（調味料はのぞく）
一日目	朝食	パン　牛乳　ツナコーンワカメ*	パン、牛乳、ツナ缶、コーン缶、カットワカメ
	昼食	シリアル　ヨーグルト　サラダ*	シリアル、牛乳、ヨーグルト、ドライフルーツ、レタス
	おやつ	スイカ*	スイカ、おかし
	夕食	うめぼしがゆ*　ひややっこ*　冷凍そうざい	レトルトうめぼしがゆ、とうふ、冷凍そうざい（自然解凍用）
二日目	朝食	ごはん*　いりタマゴ　やさいスープ	無洗米、タマゴ、ネギ、ジャガイモ、ニンジン、タマネギ
	昼食	チャーハン　ジュース*　ワカメスープ	冷凍チャーハン、やさいジュース、ワカメ、ネギ
	おやつ	マカロニきなこ	マカロニ、きなこ
	夕食	ごはん*　かんたんハンバーグ　スープ	無洗米、ふりかけ、ひき肉、ふ、タマネギ、ニンジン、缶づめスープ
三日目	朝食	ピザ　ジュース*　カボチャのサラダ*	冷凍ピザ、やさいジュース、カボチャ、レーズン
	昼食	アサリのトマトソースパスタ　海そうサラダ　フルーツ缶*	トマトジュース、アサリ缶、パスタ、乾物海そう、サバ缶、フルーツ缶
	おやつ	豆乳ごまプリン*	豆乳、粉かんてん、ねりごま
	夕食	高野どうふカレー　ポテチスープ　アスパラサラダ	米、カレールー、ニンジン、タマネギ、高野どうふ、アスパラ缶、カニ缶、即席スープ

＊印は、食物アレルギーの原因に多い「乳製品、タマゴ、小麦、そば、落花生、エビ、カニ、サバ」が入っていないものです。

1日目朝食

びちくでごはん1日目

こんだて表1日目の朝食のパンと牛乳を用意したよ。
「もし大きな地震があった場合、そのあとの余震にも注意しなくてはならないから、1日目は火を使わないこんだてにするよ。まずは冷蔵庫の中のものを使ってしまおうね。
もし、パンや牛乳がなかったら、缶入りパン[※1]とロングライフ（LL）牛乳[※2]に変えてもいい。これはびちくしておくとべんりだよ」と、おばあちゃんはリュックから缶入りパンを取りだした。

びちくポイント！
1日目は火を使わないこんだてを

- びちく品は、使った分だけ新しいものを補充しておくことをわすれずにね。
- LL牛乳は、冷蔵庫にいれなくてもだいじょうぶなんだね〜。
- 缶入りパン4個とLL牛乳をびちくの食料に足しましょう！

びちくポイント！
半年に一度は使って買いかえよう

※1 **缶入りパン**：災害びちく用として開発されたパンの缶づめは、1缶当たり85〜100gで、おとな1食分ほど。いろいろなメーカーから販売されています。「タマゴ・牛乳・大豆不使用」のアレルギー食品対応のパンの缶づめもあります。

※2 **ロングライフ牛乳**：LL牛乳とも言われていて、特殊な製法とパッケージによって日持ちのする牛乳です。1Lサイズのほか200mLサイズもあり、一度あけるとはやく使わなくてはならないので、びちくには小さなサイズをいくつか用意するのがよいでしょう。

「でもそれだけじゃさみしいから、もう一品。ツナとコーンの缶づめと乾物のワカメとで、かんたん料理をつくるよ。必要な道具は、ポリ袋！ ツナはコーンといっしょにポリ袋にいれ、それをもんでから、味をなじませるために少し置いておくんだよ」と、おばあちゃん。

ぼくとめぐみは、ほうちょうもまな板もなべも使わないって聞いてびっくり。

あら、かんたんね！

●ツナコーンワカメ*

材料（2〜4人分）
コーンホール缶…1缶（160g）
ツナ缶…1缶
乾そうカットワカメ…5g

▼作り方

コーン缶の水はざっときり、ツナ、カットワカメをポリ袋にいれ、もみこむ。

ぽん酢をいれてもいいよ。ゴマをふれば、カルシウムもとれるよ。

1日目朝食

ラップやチラシが大かつやく

　おかずができたので、「災害用はこれね」って、おかあさんが紙皿にパンをのせようとしたら、おばあちゃんが「まって！」と、とめた。
「紙皿は、一度使えばよごれてしまうよね。だからラップをまくといいんだよ」
「まぁ、それなら何度も使えるわね」
「そうだ！」
　ぼくは学校で先生から教えてもらったことを思いだした。
「チラシや新聞紙でコップがつくれるんだよ」
「おにいちゃん、それはムリ、ムリ！　紙だから牛乳がもれちゃうよ」
と、めぐみは首をふっている。でも、だいじょうぶ。
「なかにポリ袋をいれるといいんだって」
「そうか！」
　めぐみもうなずいた。

> まな板にもクッキングシートをしいて、使うたびにとりかえれば、衛生的だよ。

> ラップやポリ袋は、防災リュックにいれておいたほうがいいね。コップがないときにはチラシとポリ袋でつくればいいんだ。

> お皿には大きめにかけるといいみたい。

> 今日は1日、洗いものをしなくていいようね。らくちん、らくちん！

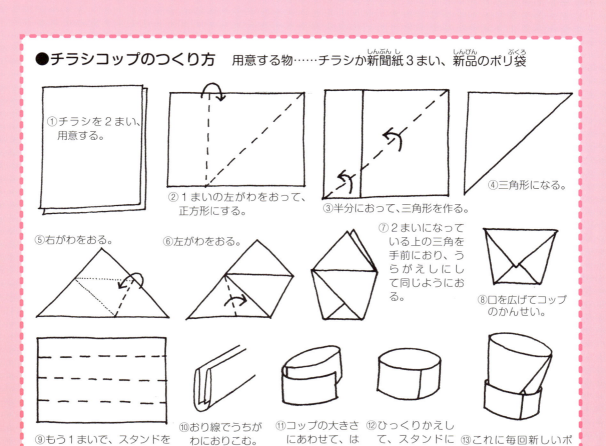

1日目昼食・夕食

昼食と夕食も、みんなで楽しんでつくったよ。

> ヨーグルトには、ドライフルーツをいれるとおいしくなるし、ビタミンもとれるよ。この日の夜までは火を使わないようにして、レトルトのものや、冷凍庫に入っているものを解凍して食べようね。すぐにわるくなりそうなものから食べよう。

> 冷凍のおそうざいや、冷凍枝豆は、冷蔵庫からだしておけばいいだけで、すごくかんたんだね！

> ドライフルーツはそのままでもおいしい〜。

おばあちゃんは泊まって、明日も明後日も、びちくでつくるごはんを教えてくれるって。

> 楽しみだな。

2日目からはカセットコンロで料理

つぎの日、朝早くからおばあちゃんはエプロン姿ではりきっていた。
「今日から火を使って料理をするよ」
そこで、おかあさんがカセットコンロをだしてきた。

カセットボンベ1本は、だいたい1時間くらいもつんだよ。1日2本使うとして、3日分だと6本はびちくしておくといいね。

カセットコンロは3日分で6本！
びちくポイント！

● **注意** カセットコンロを使うときには…

★カセットコンロを家の中で使う場合は換気に注意しましょう。また屋外で使う場合、風が吹いていたり、気温が低い場合は、使用が困難なこともあります。

★使用上の注意をよく確認し、なべをのせる五徳※は正しくとりつけましょう。

★ボンベの上までくるような大きななべや鉄板などを使用したり、カセットコンロを何台かならべて使用すると、ボンベがあつくなって爆発することもあるので、やめましょう。

★使いかけのカセットボンベは立てて保存しましょう。廃棄するときは、必ず中身を全部使いきってからにしましょう。

※五徳（ごとく）というのはなべをおくところ。

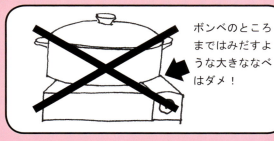

ボンベのところまではみだすような大きななべはダメ！

2日目朝食(ポリ袋)

ポリ袋を使って料理づくり

2日目の朝食は、ごはんにいりタマゴとやさいスープだ。
「では、ポリ袋料理※をしようかね。ごはんとスープ、ついでにおやつもいっしょにできちゃうんだよ」
おばあちゃんのことばに、またまた、ぼくとめぐみはビックリ！

※ポリ袋料理
ポリ袋は、「高密度ポリエチレン」と書いてある半透明で耐熱性のポリ袋を使用します。ポリ袋を直接火にかけるのではなくて、たっぷりお湯をわかしたなべにいれるのです。ポリ袋1つに1人分の料理ができ、大きななべなら、いっぺんにたくさんの人数分の料理ができます。

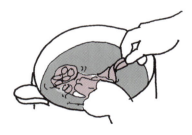

①水をいれたなべに、材料をいれた袋をしずめて、空気をぬく。

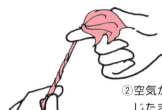

②空気が入らないように袋をとじたまま、袋の口をクルクルとねじってひものようにする。

③袋のひもで輪っかをつくる。その輪っかに、右にあまったひもをおりまげて、うしろからいれる。

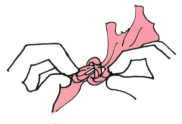

④③の輪っかを引っぱってきゅっとしばる。

※ここを引っぱれば、かんたんにほどくことができる。

⑤ポリ袋をなべにいれ、ふたをして火をつける。ふっとうしたら、ふきこぼれないように火を弱める。

⑥ゆでているあいだに袋がふくらんでくることもあるけれど、そのままでだいじょうぶ！

⑦ゆでおえたら、はしやトングで袋をとりあげる。なべのお湯はよごれていないので、また使うことができる。

18

●ごはん
材料（1人分）
無洗米…80g
（1/2カップ）
水……120mL

●やさいスープ
材料（2人分）
ジャガイモ…1個（ほそ切り）
ニンジン…20g（ほそ切り）
タマネギ…30g（うす切り）
スープの素…小さじ1/4
しょうゆ…小さじ1/2

ジャガイモ
ニンジン
タマネギ

▼作り方
①ポリ袋に材料をいれる
　ごはんは、前のページの方法でポリ袋に材料の米と水をいれ、水をいれたなべにしずめる。米に水をすわせるために、30分以上おいておく。その後、スープも同じようにして、皮をむいて切ったやさいと調味料をポリ袋にいれて、なべにしずめる。

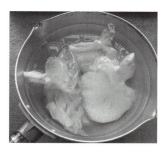

②火にかけて料理する
　①を火にかけ、ふっとうしたら火をよわめる。20分したら火をとめて、10分そのままにする。できあがったスープには、塩とこしょうをおこのみでいれる。

袋ごとに分けられるから、1つのなべでいっぺんに料理ができるのがべんりだね。お米の量をかえると、おかゆ※もできるよ。

※おかゆのお米と水の分量
・全がゆ〈無洗米…40g（1/4カップ）　水200mL（1カップ）〉
・七分がゆ〈無洗米…30g（1/5カップ）　水200mL（1カップ）〉

※計量カップと計量スプーン
★お米を計るために炊飯器についている計量カップは、お米一合（180mL）のものですが、ここでは通常の計量カップ（1カップ200mL）を使っています。
★防災びちく品に計量カップを入れておくと便利ですが、紙コップに水200mLの印をつけておいてもいいでしょう。計量スプーンは、ペットボトルのふたでも代用できます（小さじ1＝ペットボトルのふた約1杯分　大さじ1＝ペットボトルのふた約3杯分）。

2日目朝食・昼食

それにしても、ポリ袋ってすごく便利だ。できあがったごはんは、そのまま食べることができるし、のこったらぎゅっとまるめておにぎりにすることもできるんだ。

2日目の朝食は、あとはいりタマゴだけ。これもポリ袋でまぜて、つくるんだって。

●いりタマゴ

材料（4人分）
タマゴ…4個　ネギ…5g　塩・油…少々

▼作り方
①ネギはハサミで切り、ポリ袋にいれる。タマゴもわりいれて、塩をふり、もみこんでまぜる。
②フライパンにクッキングペーパーをしき、油を少しひいて、①をいれる。タマゴがかたまりはじめたら、はしでかきまぜてできあがり。

びちくでごはんって、かんたんで楽しいなぁ。

2日目の昼食は、冷凍チャーハンを自然に解凍したものとやさいジュースにワカメスープ！　びちくするならチャーハンやジュースはいつも食べたり飲んだりしているものがいいんだって。トマトジュースをつければ、ビタミンCもたっぷりだよ。

ワカメスープはカットワカメ1gとかんそうネギ、スープの素をすこしいれて、おゆをそそげばできあがり！

おやつをつくる

3時のおやつはびちくしているポテトチップスやようかんにしようよ。

ちょっと待って！

おやつもびちくの食品でつくることができるんだよ。

● **マカロニきなこ**（2日目のポリ袋料理でわかしたなべのお湯を使う）

材料（4人分）　マカロニ…30g　きなこ…18g　砂糖（あれば、キビ砂糖か、てんさい糖）…少々

▼作り方

① マカロニはポリ袋にいれて、ひたひたになるくらいの水につける。水をはったなべにしずめて空気をぬき、袋の口をむすんで（18ページ）、30分ほどそのままにしておく。

② 火をつけてふっとうしたら3分間、ゆでる。

③ 取りだして水気を切り、きなこと砂糖をまぶす。

①

②

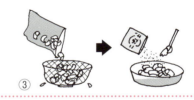
③

● **豆乳ごまプリン**＊

材料（4人分）

水…1カップ（200mL）
粉かんてん…2g（小袋1/2）
豆乳…1カップ（200mL）
ねりごま…大さじ1
砂糖（あれば、てんさい糖）…大さじ2

▼作り方

① なべに水と粉かんてんをいれてまぜ、火にかける。

② ふっとうしたら弱火にして、砂糖をくわえる。

③ 豆乳とねりごまをよくまぜて、②のなべにくわえてひと煮立ちさせて、火をとめる。

④ 型にいれておくと、1時間ほどで固まる。

天草という海そうが原料の粉かんてんは、冷蔵庫にいれなくても自然に固まるよ。同じゼリー状にするものに「ゼラチン」があるけど、これは動物性の原料で、冷蔵庫で冷やさないと固まらない。だから、電気が使えないときは、粉かんてんでゼリーやプリンをつくるといいね。

2日目夕食

おろしがねを使って料理

2日目の夕食のおかずは、かんたんハンバーグ！
「冷凍庫で保存していたものの中でも、ひき肉は早めに食べたほうがいい。やさいもたっぷりとりたいから、おろしがねを使おうかね。冷凍食品などを入れる厚手のビニール袋（フリーザーバッグ）がかつやくしてくれるんだよ」

ハンバーグのたねをしっかりまぜたり、おしだしたりするから、フリーザーバッグのほうが料理がしやすいんだ。ない場合は、ポリ袋を二重にして使ってもいいよ。

●かんたんハンバーグ

材料（4人分）
ひき肉…200g
タマネギ…半分
ニンジン…1/2本
ふ…20g
塩、油…少々
（あればナツメグとコショウ少々）

▼作り方
①皮をむいたタマネギとニンジンをおろしがねでする。手に気をつけて、やさいが小さくなったらそのままとっておき、ほかの料理に使う。

②ふは手でくだき、①とひき肉、調味料といっしょにビニール袋にいれて全体がまざるようにもむ。

③フライパンにクッキングペーパーをしいて、油をうすくひいておく。

④②の袋の下のスミをハサミで切って、たねを丸くおしだす。

⑤すこしこげめがついたら、うらがえしてふたをする。火を弱くして5〜6分、中に火がとおるまでやく。

びちくでごはん３日目

　３日目になったら、もうクーラーボックスの中は冷たくなくなった。
　おばあちゃんは、ボックスの中にのこっているピザをとりだした。
「災害のとき、最初に使えるようになるのは電気が多いんだよ。だから、今日からは電気が使えることにして、電子レンジやオーブントースターを使ってみようか」
　朝食のピザは、オーブントースターでアツアツになった。カボチャのサラダもつくるよ。

　カボチャはかたいから、電子レンジに２分ほどかけると、切りやすくなるんだよ。

●カボチャのサラダ*

材料（１人分）
カボチャ…1/8個　　レーズン…20g　　水…カボチャがひたる量
調味料：塩、こしょう…少々　酢（あればリンゴ酢）…小さじ１　オリーブオイル…小さじ1/2

▼作り方
①カボチャはレンジにかけてからうす切りにして、調味料以外の材料といっしょになべにいれる。カボチャがひたるくらいの水をいれ、火にかける。
②ふっとうしたら５分間、ゆでる。
③火をとめてザルにあげる。
④③と調味料をまぜればできあがり。

冷蔵庫も使えるようになるのね。

3日目昼食

　3日目の昼食は、アサリのトマトソースパスタに海そうサラダ、あとはフルーツの缶づめだ。おばあちゃんは、パスタを半分にパキンと折りながら言った。
「パスタは、料理する前に1時間ほど水につけておくとやわらかくなって、早くゆでることができるんだよ。それから、ひじきやワカメなど乾そうさせた食品は、保存がきくのでとっても便利。切り干しダイコンや干ししいたけ、高野どうふ、ふ、海そうも水にもどして使うんだよ」

●海そうサラダ

材料（4人分）
海そう（サラダ用のいろいろな海そうが入っている乾物）…5g
サバ缶…1缶
調味料：マヨネーズ…大さじ3、しょうゆ…少々

▼作り方

①海そうを30分ほど水にひたすと5〜10倍くらいになる。

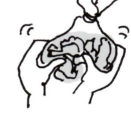
②汁をきったサバ缶と水をきってハサミでこまかくした海そう、調味料をポリ袋でまぜればできあがり！

●アサリのトマトソースパスタ

材料（4人分）
1.4mmパスタ…320g
水（パスタがひたる量）粉チーズ
★ ｛ トマトジュース…2缶
　　アサリ缶…1缶
　　スープの素…小さじ1
　　ケチャップ…大さじ2
　　ウスターソース…大さじ1 ｝

②なべに★の材料をぜんぶいれてカセットコンロにかけて、ふっとうしてきたら水をきった①のパスタをいれる。
③まぜながらにて、パスタの色がすきとおったらできあがり。粉チーズをふるとおいしいよ。

▼作り方

①パスタは半分に折ってフリーザーバックにいれ、ひたひたになるくらいの水に1時間つける。

①

②

③

夕食は、ぼくの大すきなカレーライスだ！
「カレーのお肉のかわりには、高野どうふを使うよ。スープには、これ！」
そう言って、おばあちゃんがリュックの中からだしたのは、ポテトチップス！

● ポテチスープ
材料（1人分）
スープの素……小さじ1
ポテトチップス……数まい

▼作り方
1人用のカップに、スープの素をいれ、熱湯をそそいでポテトチップスをわりいれる。

● 高野どうふカレー
材料（4人分）
高野どうふ…50g　ニンジン…1本　タマネギ…1個
ジャガイモ…2個　カレールー…80g　水…500cc　油…少々

▼作り方
①高野どうふは水につけてもどし、こまかく切っておく。皮をむいたタマネギはうす切り、ピーラーで皮をむいたニンジンとジャガイモは乱切りにしておく。

②なべに油をひいて、タマネギ、ニンジン、ジャガイモのじゅんにいためる。
③水をいれて20分煮こんだら、一度火をとめて高野どうふとカレールーをいれる。
④かきまわしながら、5分煮こめばできあがり。

 タマネギ にんじん
①　　　　　　　　　　　　　　　　　　　　　　　　②

● アスパラサラダ
材料（4人分）
アスパラ缶…1缶　カニ缶…1缶　ポン酢…少々

▼作り方
アスパラは三等分に切って、カニをのせ、ポン酢を少しかける。

つぎの日、おばあちゃんは自分の家に帰っていきました。
「びちくでごはん」って、楽しかったよ。またやりたいな。

びちくでごはんに必要なことは、なに？

　それから、半年くらいたったある日、おばあちゃんから電話がありました。
「このあいだは夏休みに行ったから、春休みにつづきをしにいくよ。暑い季節と寒い季節の両方で『びちくでごはん』をつくる体験をすれば、こわいものなしだよ。ところで、びちくする食料には必要なことが『3つ』あるんだよ。それをわたしが行くまでに考えておいてね」

電話のあとに
「おにいちゃん、『3つ』ってなんだと思う？」と、めぐみが聞いてきた。

春休みにやってきたおばあちゃんにそれをつたえると、こう答えてくれた。
「1つ目の『くさりにくいもの』は大正解。ある程度保存がきかないとびちくすることはできないよね。くさったものを食べておなかがいたくなったり、食中毒になってしまったら、たいへんだ！ だから、びちくする食料は、安全で保存がきく缶づめやレトルト食品、乾物などが多いっていうわけ。

びちくポイント 1　保存がきくものをびちくする

2つ目の『おいしいもの』も大当たり。災害のときにあまりおいしくないものを食べていると気持ちも落ちこんでしまうから、味はたいせつだよ。おいしいものといっても、食べつけていないような"ごちそう"である必要はないんだよ。いつも食べなれていて、おいしいものなら安心できるよね。びちくするものも食べなれているものが一番だよ。びちく料理をときどき食べて、その味になれておくのもひとつの方法かもしれないね」

びちくポイント 2　おいしいものをびちくする

「ふだんでもびちく料理をつくろう」って、そういうわけなんだ！

3つ目は『元気のでるもの』ね。そう、元気をだすためには、えいようのバランスがよくて、たっぷりとれるものを食べることが大事だね」
そう言うと、おばあちゃんは1枚の紙をみせてくれた。

びちくポイント3
えいようがあるものをびちくする

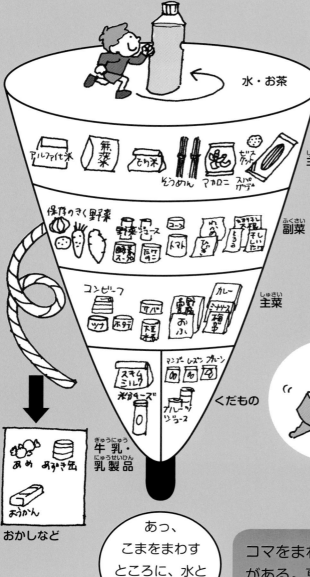

「このコマの絵を見てごらん。これは『食品バランスガイド』というもので、人が健康でいるためにはどんなものが必要かをあらわしているんだよ。
ごはんやパンなどの主食、やさいやイモなどの副菜、肉や魚、大豆などの主菜があり、コマの下の方には牛乳や乳製品、くだものがあるよね。このコマにあるものをバランスよく食べて、運動すると健康なからだがつくれるんだって。

バランスがくずれると、コマがうまくまわらなくなるんだよ。びちくする食料の参考になるね」

「あっ、こまをまわすところに、水とお茶がある。」

コマをまわすたいせつなじくの部分には、水がある。夏休みにきたときも「たいせつなのは水」という話をしたよね。
そして、コマをまわすためのヒモにはおかしがある。食べるといきおいよくまわるからだね。

びちくでごはん 4 日目

冬のびちくリストをつくって、いろいろな食料をそろえておきましたよ！

おいしそうなものがそろっているね！

すごーい!!

びちくのお料理、やるわよ！

4日目朝食

「『びちくでごはん冬のまき』をはじめようか。今回は冬のメニュー3日間に挑戦だよ。まず1日目はこんなメニュー。ごはんは、夕食にも使うから、朝に4カップ分まとめて、たいておくよ」

		こんだて	材料（調味料はのぞく）
四日目	朝食	おにぎり*／みそ汁	無洗米、ゴマ、サケフレーク、タクアン、カットワカメ、ふ、乾そうネギ
	昼食	おこのみやき／コーンスープ	切りいか、桜えび、乾そうネギ、小麦粉、ホールコーン缶、豆乳
	おやつ	りんごのくずゼリー*	りんごジュース、カタクリ粉
	夕食	カレーピラフ*／ひじきサラダ*／みそ汁	タマネギ、ニンジン、ごはん、ランチョンミート缶、グリンピース缶、ひじきドライパック、コーン缶、ホタテ缶、豆缶、うめぼし

●なべでたくごはん

無洗米（4カップ分）

①お米をはかる。

②おなべにいれる。

③水960mlをいれてそのまま30分置く。（お米の120%分の水をいれる）

④ふたをして中火にする。

⑤ふっとうしたら弱火にして、そのまま10〜15分たく。

⑥ピチピチと音がしたら、ちょっと強火にしてから消す。

⑦ふたをしたまま15分むらしたら、できあがり！

「へぇ〜、ごはんはおなべでもたけるんだね！」

お米をとぐときにはたくさんの水を使うから、まだ水道が使えないときには、お米をとがずにたける無洗米を使うといいのね。

電気が使えなくても、カセットコンロでごはんがじょうずにたけるね！

ゴマやサケフレークもいいけど、日持ちのするタクアンをまぜこんだおにぎり、おいしいなぁ。

おにぎりは衛生面も考えて、ラップでにぎってね。
みそ汁はみそ玉でつくるとかんたんだし、保存もきくんだよ。
ふも、いろいろな種類があるよ。

●みそ玉みそ汁

材料（1人分）
みそ…10ｇ　ふ…少々
乾そうネギ…少し
カットワカメ…少し
水…1カップ
にぼし粉（なければ、だしの素）…小さじ1/3

▼作り方
①材料分のみそとにぼし粉、カットワカメ・ふ・乾そうネギを少しまぜてラップにいれ、おだんごにしておく。
②お湯をわかし、ラップをはずしたみそ玉をおわんにいれて、熱湯をそそぐだけ。

材料をラップに入れてぎゅっとまとめるだけ。
かんたんだよ！

31

4日目昼食

昼食はおこのみやきだ！
電気やガスが使えるようになったから、ホットプレートで料理ができるんだって。

これが使えると、べんりだわ

●おこのみやき

材料（4人分）
小麦粉（薄力粉）…4カップ　水…4カップ
乾そうやさい、切りいか、桜えびはおこのみで
青のり、かつおぶし、油、ソース…少々

▼作り方
①小麦粉と水、乾そうやさいはたっぷりといて、キャベツなどがあればほそ切りにしていれる。切りいか、桜えびといっしょにまぜる。
②ホットプレートをあたためて油をひく。
③①のたねを分けて、両面をやく。ソースや青のりやかつおぶしは、やきあがってからかける。

●コーンスープ

材料（4人分）
クリームコーン缶…2缶、豆乳…4カップ
コンソメ、塩、乾そうパセリ…少々

▼作り方
①なべに、豆乳、クリームコーン缶、調味料をいれて火にかける。
②ふっとうしたら、できあがり。
　カップにいれてパセリをふる。

※ふっとうしてから煮つづけるとつぶつぶになるので注意すること。

おこのみやきにはコーンスープがつくんだね

日本では、ごはんに「一汁三菜」がいいと言われているんだよ。一汁とは、おみそ汁やスープなどの汁ものをいい、三菜とは、おかずを三品（主菜一品、副菜二品）つけるということ。災害のときに三品はたいへんだけど、なるべくちかづけたいね。

そろそろおやつの時間だな。りんごのくずゼリー、かんたんそうだぞ。

おとうさん、いっしょにつくってみようよ！

● りんごのくずゼリー

材料（4人分）

りんごジュース…2カップ

カタクリ粉…大さじ5（くず粉があればなおOK）

▼ 作り方

①なべにりんごジュースをいれ、カタクリ粉をいれてといておく。

②①を火にかけ、中火で加熱する。

③木べらでまぜながら練る。ねっとりして透明になったらできあがり。

4日目夕食

「4日目の夕食は、カレーピラフとひじきサラダ。一汁は、朝食でたくさんつくっておいた、みそ玉みそ汁にしようね。カレーピラフのごはんも、朝にたいておいたものを使うよ」

●カレーピラフ*

材料（4人分）
ごはん…4人分　油…大さじ1
カレー粉…大さじ1　塩…少々
タマネギ…1/2個　ニンジン…1/3本
ランチョンミート缶…70g
グリンピース缶…小1缶

▼作り方
①タマネギとニンジンはみじん切りにする。
②フライパンに油をひいて、火にかけ、タマネギ、ニンジンをいためる。カレー粉をふって、かおりをだす。
③ごはん、切ったランチョンミートをいれて、さらにいため、塩で味をととのえ、グリンピースをまぜる。

●ひじきサラダ*

材料（4人分）
ひじきドライパック缶…1缶
ホールコーン缶…大さじ4
ホタテ缶…20g
豆缶…大さじ4
（のこりは5日目のミネストローネに使う）
ごま…小さじ2　うめぼし…1個
酢、植物油、砂糖…少々

▼作り方
①全部の缶づめの材料を汁気をきってボールにいれる。（汁はつぎの日のスープに使う）
②種をはずしたうめぼしをボールにいれて、フォークなどでつぶしてあわせる。
③調味料（酢・植物油・砂糖）とごまをまぜて、できあがり。

びちくでごはん5日目

つぎの日は朝からおとうさんが大はりきり。きょうは、ミネストローネにちょうせんするんだって。冬の日は、あたたかい汁があるとからだがあったまるね。

		こんだて	材料（調味料はのぞく）
五日目	朝食	ミネストローネ／フルーツ缶	マカロニ、タマネギ、ニンジン、アサリ缶、マッシュルーム缶、豆缶、フルーツ缶、トマトジュース
	昼食	高菜となっとうのチャーハン／とろろこんぶ汁	ごはん、なっとう、高菜づけ、のり、ごま、乾そうネギ、干ししいたけ、とろろこんぶ
	おやつ	あずきかん	あずき缶、粉かんてん
	夕食	ふりかけごはん／車ふのあんかけ煮／みそ汁	青のり、乾そうジャコ、桜えび、切りこんぶ、干ししいたけ、トリささみパック、タマネギ、ニンジン、車ふ

ミネストローネにマカロニをいれるの？じゃあ、スープとパスタがいっぺんに食べられるんだね。

「びちくでごはん」はべんりさが決めてだよ。

● **パスタたっぷりミネストローネ**

材料（4人分）
早ゆでマカロニ…200g
アサリ缶…1缶
タマネギ…1個　ニンジン…1/3本
マッシュルーム缶…1/2缶
豆缶…4日目のひじきのサラダでのこった豆、ガルバンゾー（ひよこ豆）やグリンピースなどをいれていい。
トマトジュース…2カップ　コンソメ・塩…少々
水…（前日のひじきとサラダの汁とあわせて）4カップ
※作り方はつぎのページ

35

5日目朝食

▼作り方

①タマネギ、ニンジンはあらいみじん切りにする。
②なべに、水とトマトジュース、①をいれ、火にかける。やさいがやわらかくなったら、調味料、マカロニと豆、マッシュルームをいれる。
③最後にアサリ缶を汁ごといれて一度ふっとうさせる。乾そうやさいをふる。

あぁ、いいにおい。またとくい料理がふえちゃった！

よし、ぼくもレパートリーをふやすぞ！

じゃあ、高菜となっとうのチャーハンにちょうせんしてみるかい？なっとうは乾そうなっとうを使ってみようか。なっとうは、冷凍もできるから、解凍したふつうのなっとうでもいいんだよ。

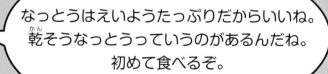

なっとうはえいようたっぷりだからいいね。乾そうなっとうっていうのがあるんだね。初めて食べるぞ。

もしなっとうがなかったら、かわりにサケフレーク缶やコンビーフ缶などを使ってもおいしそうね。高菜もタクアンや乾そうやさいなどに変えたりして、あるものでくふうすることもできるわ。

●高菜となっとうのチャーハン *

材料
ごはん…4人分
乾そうなっとう…80g
(またはなっとう4パック…160g)
高菜づけはおこのみで　やきのり…1枚
ごま…大さじ1　乾そうネギ…少量
油…大さじ2　しょうゆ、塩…少々

▼**作り方**
①高菜づけはこまかく切る。フライパンに油をしき、高菜づけをいれていためる。
②ごはん、なっとうもいれていためる。
③塩、しょうゆで味をととのえ、もんでこまかくしたやきのり、ごま、乾そうネギをまぜる。

乾そうなっとうに味がついていたら、調味料はひかえめに。
高菜づけは、ハサミで切るといいよ。
びんづめの高菜づけはこまかくなっているから使いやすいよ。

●とろろこんぶ汁 *

材料
水…4カップ　しょうゆ、塩…少々
スライス干ししいたけ…8g
とろろこんぶ…8g　乾そうネギ、青菜…少々

▼**作り方**

①スライス干ししいたけを水につける。しいたけが大きいようなら、ハサミで切る。

②①をふっとうさせて、しょうゆ、塩で味つけする。

③おわんにとろろこんぶ、乾そうネギ、乾そう青菜をいれ、②のだし汁をそそぐ。

う、うまいぞ！

5・6日目おやつ

「5日目と6日目のおやつをまとめてつくるよ！」

「ワーイ、ワーイ！」

「まぁ、びちくでごはんにはくふうがだいじね。」

●あずきかん*

材料（4人分）
ゆであずき缶…1缶　水…1カップ
粉かんてん…小袋1つ（2g〜4g）

▼作り方

粉かんてんをいれると、冷蔵庫にいれなくても固まるんだよ。使いすてのゼリーのカップや紙コップにいれて、固めてもいいよ。

①なべにあずき、水、粉かんてんをいれて火にかける。

②粉かんてんがとけたら、火にかけたまま1分練って、型にいれて固める。

粉かんてんって、便利だわ。びちくしておかなきゃ！

●サツマイモのオレンジジュース煮*

材料（4人分）
サツマイモ…1/2本（150gくらい）
水…大さじ2
オレンジジュース…1カップ

▼作り方
①洗って皮ごとスライスしたサツマイモをなべにいれ、水大さじ2をふって、ふたをして10分むし煮*する。
②オレンジジュースをくわえて、煮つめる。

オレンジジュースで煮るの！

これにレーズンやドライプルーンをくわえてもおいしいよ。サツマイモをむし煮をしてから、オレンジジュースをくわえることがポイントだよ。むし煮のしかたは、つぎのページに。

※むし煮のしかた
　むし煮は、水をほとんど使わず、材料のうま味を生かせる調理法。
①材料をなべにいれ、大さじ1～2の水をふる。
②最初は中火にして、蒸気があがってきたら、弱火にし、ふたをぴっちりして5～10分加熱する。
★少量の水とやさいの水分で加熱するので、とちゅうでふたを開けてはダメ！

中火から弱火に→

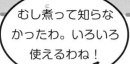

むし煮って知らなかったわ。いろいろ使えるわね！

おやつでコマのヒモ（28ページ）が思いっきりひけたかな？

冬のおやつには、干しイモもおいしいね。リンゴやミカンなど、日持ちのするくだものはそのまま食べてもビタミンCたっぷりだけれども、少ししなびてたら、砂糖などであまみを足して煮ると、おやつがわりになるよ。

　5日目の夕食は、「車ふのあんかけ煮」……どんな料理だろう？車ふは、タイヤみたいに丸くて穴のあいているおふなんだって。おふは小麦粉と水でできていて、タンパク質がたっぷりだと、おばあちゃんが教えてくれたよ。

●車ふのあんかけ煮
材料（4人分）
水…2カップ　車ふ…4枚
切りこんぶ…5g
スライス干ししいたけ…5g
とりささみ…1パック（レトルト）
タマネギ…1/2個　ニンジン…1/4本
ごま油…少々（なくてもよい）
しょうゆ・砂糖…少々　カタクリ粉…大さじ1

※作り方はつぎのページ

39

5日目夕食

▼作り方

①なべに水、切りこんぶ、しいたけをいれる。
②車ふを水にさっとつけてから4つに切る。やさいは皮をむき、タマネギはうす切り、ニンジンはたんざく切りにする。

車ふ

タマネギ

ニンジンはたてに切って
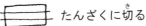 たんざくに切る

③①のなべに、②をいれて中火で煮る。
④とりささみをいれ、2〜3分煮て、しょうゆ、砂糖で味をととのえる。
⑤水ときカタクリ粉でとろみをつける。風味をだすために、ごま油を少しいれる。

※とろみのつけかた

1. 水（大さじ2）にカタクリ粉（大さじ1）をいれる。
2. よくかきまぜる。
3. いったん火をとめ、2をまわしいれてから、火をつけてかきまわす。

冬に煮ものはいいね。

ホッとする味だわ〜。

　お昼にたいたごはんを電子レンジであたためて、たっぷりとふりかけをかけた。一汁は、4日目にたくさんつくっておいたみそ玉みそ汁に、熱湯をそそいだらできあがり。びちくでごはんの5日目は、家族全員でハフハフしながら、「いっただきま〜す！」。

びちくでごはん最終日

今日でさいごだよ。

あっというまだったなあ。

パンケーキだ！

「6日目の朝はパンケーキだよ」
おばあちゃんはホットプレートをだしてきた。

		こんだて	材料（調味料はのぞく）
六日目	朝食	パンケーキ、雑穀スープ、アセロラジュース	ホットケーキミックス、スキムミルク、ニンジン、ツナ缶、こんぶ、タマネギ、雑穀
	昼食	ごはん、高野どうふのあんかけ、切り干しダイコンサラダ	米、高野どうふ、牛大和煮缶、きくらげ、タマネギ、切り干しダイコン、青大豆、ニンジン、ツナ缶、ごま
	おやつ	サツマイモのオレンジジュース煮（38ページ）	サツマイモ、オレンジジュース
	夕食	トマトリゾット、ポテトのラップサラダ、みそ汁	トマトジュース、ホールコーン缶、マッシュポテトの素、グリンピース缶、ツナ缶、乾そうワカメ、ごはん

●パンケーキ

材料（4人分）

ホットケーキミックス…2カップ（200g）
水…1カップ　スキムミルク…大さじ4
ニンジン（すりおろし）…大さじ3
ツナ缶…小1缶　　油…少々

▼作り方

①ホットケーキミックスにスキムミルクと水をいれて、まぜる。

②すりおろしたニンジンとツナ（つけ油も）を①にくわえてまぜる。

③ホットプレートに油をひいて、②を4個に分けて両面をやく。

●雑穀スープ *

材料（4人分）

水…4カップ　こんぶ…10㎝　タマネギ…1/2個　ニンジン…1/4本
雑穀（大麦、きび、あわ等）…大さじ2　塩…少々

▼作り方

①なべに水とこんぶをいれ、こんぶがやわらかくなったらこまかくハサミで切り、なべにもどす。

②タマネギ、ニンジンはあらいみじん切りにする。

③①のなべに雑穀（洗わなくていい）と②をいれて火にかけ、ふっとうしたら弱火で15分煮る。塩で味をととのえる。

こんぶのかわりにだしの素などを使ってもいいよ。もしにんにくがあれば、いれると風味バツグンだよ。

たんぱく質や炭水化物、脂質、それに鉄分、カルシウムなどのミネラルは注意すればとることができるけど、ビタミン類は気をつけないとたりなくなってしまうんだ。

それでパンケーキにはニンジンをいれたんだよ。

ニンジンをいれるとちょっと赤くなってきれいね。

日持ちがして、ビタミンも豊富なんて、ニンジンってたよりになるなぁ。

さて、昼食と夕食の用意を効率よくやろう。炊飯器で夜の分までごはんをたくよ。昼食のおかずは高野どうふのあんかけと切り干しダイコンサラダだよ。一汁のかわりに、こんぶ茶をいれようか。

ふだんのお料理のレパートリーもどんどんふえそう。

どんな味か、楽しみだな〜。

● 高野どうふのあんかけ*

材料（4人分）
だし汁（水でもよい）…3カップ
高野どうふ…2枚
牛大和煮缶…1缶　きくらげ…4枚　タマネギ…1/2個
ニンジン…1/4本　しょうゆ…大さじ1　塩…少々
ニンニク・ショウガ（チューブのものでもいい）…各小さじ1
水ときカタクリ粉（粉大さじ1に水大さじ2）

だしはこんぶとかつおぶしでとってもいいけど、だしの素でもOK。

たんざく切り

▼作り方

①お湯1カップを用意し、きくらげ、高野どうふをそれにつけてもどす。
②高野どうふはたんざくに切り、きくらげはちぎる。やさいはうす切りにする。
③なべにだし汁（水でもよい）をいれて火にかける。②と調味料をいれて煮る。15分くらいたったら、缶づめをいれてさっとにたて、水ときカタクリ粉をくわえてとろみをつける（40ページ）。

うす切り

● 切り干しダイコンサラダ*

材料（4人分）
ゆで青大豆（レトルトパック）…大さじ2
切り干しダイコン…40g　ツナ缶…小1缶
ニンジン…1/4本
いりごま・酢・しょうゆ…少々
※作り方はつぎのページ

6日目昼・夕食

▼作り方
せん切りはスライサーを使ってもOK！

 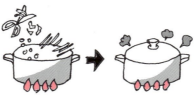

①青大豆と、ハサミで切った切り干しダイコンとせん切りしたニンジンをなべにいれ、5分むし煮（39ページ）する。

②①に調味料とツナ、いりごまをくわえてまぜればできあがり。

（女性）昼食でのこったごはんでリゾット、それにポテトサラダをつくるよ。

（男性）これが、さいごのメニューだね。

●トマトリゾット

材料（4人分）
- ごはん…3カップ
- トマトジュース…2カップ
- ホールコーン缶…大さじ4
- コンソメ・乾そうネギ…少々

▼作り方
なべにごはんとトマトジュース、コーンをいれて火にかけ、ふっとうしたら、弱火で10分煮て、さいごにネギをふる。

（男性）おどろいたな。今度は、トマトジュースを使ってリゾットをつくるのか。

（女性）トマトとみそはとてもあいしょうがいいよ。

●ポテトのラップサラダ

材料（4人分）
- マッシュポテトの素…50g
- 熱湯…150ml
- スキムミルク…大さじ2
- グリンピース（缶）…大さじ1
- ツナ缶…1/2缶
- マヨネーズ・塩…少々

▼作り方

①ボールに熱湯をいれ、スキムミルクとマッシュポテトをいれてよくまぜる。

②ツナ、グリンピースと調味料をくわえてまぜ、8個に分けてラップに包む。つつむときはぎゅっと丸めてラップをひねり、ちゃきんしぼりにする。

とうとう楽しかった春休みの「びちくでごはん」もおわってしまいました。めぐみもぼくも「びちくでごはん」づくりが大すきになっちゃった。こんどはいつやろうかな？

そうだね。防災リュックにしまったままだと、賞味期限がきれても気づかないし、1年に1回や2回は「びちくでごはん」の日をつくって、使った分を補充しておけばいいんだよ。

夏は、防災の日の9月1〜3日にしよう！

冬は、東日本大震災のあった3月11〜13日に決めましょう！

こうして、ぼくの家では夏に1回、冬に1回、「びちくでごはん」の日が決まりました。
「ふだんからびちく料理と味になれておくんだね」
とぼくが言うと、おばあちゃんが大きくうなずいた。
「そう、つくり方にもなれておくと、たいへんなときもくふうしてきっと乗り切れるよ」
楽しくておいしい、びちくでごはん！　みんなもやってみてね。

びちくチェックリスト６日分

（おとな２人・小学生２人）

チェック	分類	品　名	分　量	参考量	日づけ
☐	水（１人１日３Ｌ）	ペットボトル（２Ｌ）		36本	年　　月　　日
☐	カセットコンロ	カセットコンロ		1台	年　　月　　日
☐	カセットボンベ	カセットボンベ		12本	年　　月　　日
☐	ごはん	無洗米		5kg	年　　月　　日
☐	〃	レトルト／アルファ米		12個	年　　月　　日
☐	パン	パンの缶づめ		4個	年　　月　　日
☐	乾めん	パスタ1.4mm		400g	年　　月　　日
☐	〃	マカロニ（早ゆで）		150g	年　　月　　日
☐	〃	そうめん（うどん）		400g	年　　月　　日
☐	シリアル	シリアル		4食	年　　月　　日
☐	缶づめ	ツナ缶（魚）		4缶	年　　月　　日
☐	〃	大和肉缶（肉）		2缶	年　　月　　日
☐	〃	ランチョンミート		1缶	年　　月　　日
☐	〃	ホールコーン		3缶	年　　月　　日
☐	〃	クリームコーン		3缶	年　　月　　日
☐	〃	グリンピース		小1缶	年　　月　　日
☐	〃	ミックスビーンズ		1缶	年　　月　　日
☐	〃	ホタテ		1缶	年　　月　　日
☐	〃	アサリ		小1缶	年　　月　　日
☐	〃	フルーツ（各種）		4缶	年　　月　　日
☐	〃	あずき		1缶	年　　月　　日
☐	乾物	ワカメ		1袋	年　　月　　日
☐	〃	ヒジキ		30g	年　　月　　日
☐	〃	海そう（サラダ用）		30g	年　　月　　日
☐	〃	切り干しダイコン		50g	年　　月　　日
☐	〃	こんぶ		50g	年　　月　　日
☐	〃	とろろこんぶ		30g	年　　月　　日
☐	〃	車ふ		60g	年　　月　　日
☐	〃	高野どうふ		100g	年　　月　　日
☐	〃	干しシイタケ		30g	年　　月　　日
☐	〃	いりゴマ		40g	年　　月　　日

チェック	分類	品名	分量	参考量	日づけ
☐	乾物	青大豆		50g	年　月　日
☐	〃	かつおぶし		40g	年　月　日
☐	〃	乾そうネギ		30g	年　月　日
☐	〃	乾そうやさい		50g	年　月　日
☐	〃	切りイカ（桜エビ）		20g	年　月　日
☐	〃	やきのり		50g	年　月　日
☐	ジュース	やさい・アセロラ・トマト		12缶	年　月　日
☐	やさい	タマネギ		3個	年　月　日
☐	〃	ニンジン		2本	年　月　日
☐	〃	ジャガイモ		5個	年　月　日
☐	〃	サツマイモ		3本	年　月　日
☐	〃	カボチャ		1個	年　月　日
☐	牛乳・豆乳	LL 牛乳　200mL サイズ		2本	年　月　日
☐		LL 豆乳　200mL サイズ		2本	年　月　日
☐	インスタントスープ	カップスープほか		8個	年　月　日
☐	粉類	ホットケーキミックス		200g	年　月　日
☐	〃	スキムミルク		150g	年　月　日
☐	〃	マッシュポテトの素		100g	年　月　日
☐					年　月　日
☐					年　月　日
☐					年　月　日
☐					年　月　日
☐					年　月　日
☐					年　月　日
☐					年　月　日

- 参考量はこの本で使用した量を目安としたものです。
  乾物などをびちくする場合は密封されている状態がよいので、グラム数は目安として考えて、1袋、1パックごとにびちくしましょう。
- 調味料（しょうゆ・塩・みそ・酢・砂糖・油など）は家で使っているものにもう1本（1袋）をたすかたちでびちくしておきましょう。
- このほか、新聞紙・ラップ・ホイル・クッキングペーパー・高密度ポリエチレン袋・フリーザーバックなどが必要です。

あいているところに書きたしてね！

【監修】

岡本正子（オカモトマサコ）

管理栄養士・国際薬膳師。東京生まれ。3人の子どもを育てながら、40歳で栄養士になる。「地域に根ざした食育コンクール」特別賞受賞（2003年）。矢島助産院（国分寺市）や、さかもと助産所（東久留米市）など、各地で食育講座、講演活動や薬膳料理講習会をおこなっている。著書に『自然なお産献立ブック』（自然食通信社）、『子どもが元気に育つ毎日の簡単ごはん』（学陽書房）、『おいしい症状別レシピ　妊娠＆授乳中のごはん150』（日東書院）『矢島助産院の元気ごはん』徳間書店ほか。

ごはんBLOG　http://blog.goo.ne.jp/siawasegohan_2009

【文・編集】

粕谷亮美（カスヤリョウミ）

東京都在住。ライター。ビブリオバトル普及委員。サンタポスト主宰。著書に『あなたの知らない細菌のはなし』『あなたの知らないカビのはなし』（大月書店）、『ビブリオバトルを楽しもう』（さ・え・ら書房）、共著に『妖怪の日本地図』全6巻（大月書店）、『ビブリオバトルに挑戦』（さ・え・ら書房）、編集協力・監修に『ビブリオバトルハンドブック』『ビブリオバトル実践集』（子どもの未来社）ほか。

【絵】

杉山薫里（スギヤマカオリ）

東京都在住。一般書籍、児童書、雑誌などのイラストを中心に活動中。

▼参考文献

『子どもが元気に育つ毎日の簡単ごはん』岡本正子／著　学陽書房
『震災下の「食」』奥田和子／著　NHK出版
『大震災を生き抜くための食事学』石川伸一／著　主婦の友社
『「もしも」に備える食』石川伸一・今泉マユ子／著　清流出版
『もしもごはん』今泉マユ子／著　清流出版
『必ず役立つ震災食』石川県栄養士会／編　北國新聞社
『賢者の非常食』小泉武夫／著　IDP出版
『防災＆非常時ごはんブック』草野かおる／著　ディスカヴァー21
『食事バランスガイド』早渕仁美／著　農文協
『東京防災』東京都

カバー・本文デザイン●シマダチカコ
企画案●堀切リエ

かんたんおいしい防災レシピ　びちくでごはん

2017年1月21日　第1刷発行
2021年2月22日　第3刷発行

監　修●岡本正子
　文　●粕谷亮美
発行者●奥川　隆
発行所●子どもの未来社
　　　　〒101-0052
　　　　東京都千代田区神田小川町3-28-7 昇龍館ビル602
　　　　TEL：03-3830-0027　FAX：03-3830-0028
　　　　振替　00150-1-553485
　　　　E-mail：co-mirai@f8.dion.ne.jp
　　　　HP：http://comirai.shop12.makeshop.jp/
印刷・製本●シナノ印刷株式会社

ⓒKasuya Ryomi,Kaori Sugiyama　2017　Printed in Japan
ISBN978-4-86412-101-9　C2037

■定価はカバーに表示してあります。落丁・乱丁の際は送料弊社負担でお取り替えいたします。
■本書の全部、または一部の無断での複写（コピー）・複製・転訳、および磁気または光記録媒体への
　入力等を禁じます。複写等を希望される場合は、小社著作権管理部にご連絡ください。